THÈSE

DE

LICENCE.

ACTE PUBLIC

POUR

LA LICENCE

En exécution de l'Article 4, Titre 2, de la Loi du 22 Ventôse an XII.

SOUTENU

Par M. BONNOT DE BAY (Augustin),

Né à Ussel (Corrèze).

TOULOUSE,

Typographie Troyes OUVRIERS RÉUNIS,

Rue Saint-Pantaléon, 5.

1861.

A MON PÈRE.... A MA MÈRE,...

regrets éternels !!!

A M. PLAZIAT, mon Parrain...

Bien faible, mais fidèle témoignage de ma reconnaissance à jamais durable.

A MA SOEUR, A TOUS MES PARENTS SINCÈRES !

Gage d'union intime et promesse d'un loyal attachement.

A M., A Mme ARGUEYROLLES.

Assurance de mes sentiments affectueux et de mon dévouement sans bornes.

A M. REDON,

AVOCAT-JURISCONSULTE, CHEVALIER DE LA LÉGION-D'HONNEUR.

Marque bien sensible de ma vive gratitude et de mon profond souvenir.

A TOUS CEUX QUI ME SONT CHERS !

Garantie de mon amitié la plus étroite et de mon zèle le plus empressé.

Jus Romanum.

De usu et usufructu per legatum vel fideicommissum dato
vel relicto.

Digeste XXXIII, 2.

Proprietas, cujus fundamentum est jus naturale, id est, ratio ex constitutione hominis sumpta, est plena in re potestas, quæ etiam dicitur, jus utendi, fruendi et abutendi quatenus juris ratio patitur (Ins. II, IV, § 4).

Utilitate hominum receptum est ut plenum dominium divisionem in se recipiat, ita ut alter nudam proprietatem rei, alter vero utilitatem ejus habeat; hinc descendunt servitutes, sive jura, scilicet, quæ in re aliena consistunt. Servitutes vero, aliæ sunt prædiales, aliæ personarum, secundum quod ad rei utilitatem aut personæ jus in re alienâ constituitur. Servitutes personales sunt ususfructus, usus, habitatio.

Nobis opus est tantum de usu et usufructu fracturæ et quidem specialiter de usu et usufructu legato vel per fideicommissum relicto; ac prius dispiciamus obiter quædam de usu et usufructu constituta.

Ususfructus est jus utendi, fruendi rebus alienis, salva rerum substantia. Dicitur *utendi fruendi*: et ita ususfructus differt à dominio ; quia dominus etiam abutendi jus habet ; usufructuarius autem non , nisi utendi et fruendi jus ; differt etiam ab *usu*, quia plus est in usufructu quam in usu , nec non a reditu legato.

Porro , ususfructus constituitur *in rebus alienis*, quia servitus est ; atque res propria nominis servit. Dicitur , denique, salva rerum substantia , quia ususfructus earum tantum rerum regulariter constitui potest quarum salva substantia utendi fruendi potest esse facultas. (Frag. Ulpiani , tit. XXIV, ? 26).

Usus est jus utendi rebus alienis itidem salva rerum substantia ; sed differt ab usufructa in eo : 1º Quod usufructuarius percipiat omnes fructus etiam ad compendium ; usuarius vero uti tantum potest , frui non potest (D. 7. 8. 2) ; quamvis favorabiliter interpretando in legato usus conceditur ei facultas etiam fructus percipiendi , sed tantum ad quotidianam necessitatem (Inst. de usu et habit., § 2) ; 2º quod ususfructus dividuus est, usus vero indivisus ; hinc exempli gratiâ, usus pars legari non potest : frui vero pro parte possumus (D. 7. 8. 19) ; 3º quod ususfructus, saltem quoad emolumentum et exercitum , possit in alium transferri, usu vero non item (Inst. ? 2. ib.)

At quid sint fructus? Secundum Ulpiani sententiam (D. 7. 19) fructus , fundi legati sunt quidquid in fundo nascitur, quidquid inde percipi potest. An et in eo quod accessit fructus ad usufructuarium pertineat , quæritur ? Placuit in alluvione , exempli gratiâ, usumfructum ad usufructuarium fundi pertinere ; aliter se res habet, si insula in flumine juxta fundum nata sit ; ususfructus insulæ ad usufructuarium non pertinet , licet insula proprietati accedat. Nam ubi latitat incrementum , et ususfructus augetur ; ubi enim apparet separatum fructuario non accedit. (D. 7. 1. § 4). Item legatum servi in quo usumfructum quis habet, non pertinet ad usufructuarium, neque hereditas aut donatio ; hæc res enim vero domini non usufructuario adquiruntur (Inst. 2. 9. ? 4). Item thesaurus in fundo invento non est in fructu , sed dimidia pars ejus ad dominum fundi revertitur. Altera vero pars inventori datur (D. 24. 3. 7. § 12).

Nunc, ususfructus constituitur iisdem modis , quibus servitus prædialis ; et quidem in omnibus rebus exceptis iis quæ non consumuntur : sed utilitatis causa senatus censuit , posse etiam earum quasi usumfructum constitui remedio cautionis et æstimationis. Ususfructus itaque constitui potest vel ultima voluntate aut legatis , vel inter vivos , pactis atque stipulationibus scilicet , vel pactionibus incontinenti adjectis contractus bonæ fidei , vel adjudicatione, quod fit in actione familiæ erciscundæ vel communi dividundo , vel denique lege.

Sed si pactis aut stipulationibus ususfructus constituitur , necesse est ut quasi traditio accedat, quæ in faciendo usufructuarii et patiendo domini consistit.

Jam ad usumfructum legato vel fideicommisso relictum transeamus.

Legatum ususfructus constituitur testamento vel codicillis, vel maxime dispiciendum est : *dare* et *deducere* usumfructum. *Dare*, significat transferre alicui usumfructum retenta nuda proprietate ; *deducere* vero est, dare alicui nudam proprietatem retento usufructu ; exempli gratiâ , si testator usumfructum alicui legaverit, heres nudam proprietatem habet, legatarius vero usumfructum. Et contra, si fundum legaverit deducto usufructu, legatarius nudam proprietatem habet, heres vero usumfructum (Inst. *ibid*, par. 2). Item testator potest alii usumfructum , alii nudam proprietatem legare; sed ut totus ususfructus ad usufructuarium pertineat, curare debet, ut id fiat detracto usufructu ; hoc modo, exempli gratiâ : *Titio fundum deducto usufructu lego*, nam si id non fecerit ususfructus inter legatarios communicabitur (D. 33, t. 19). Interdum enim plus scriptura valet, quam peractum sit.

Legato usus et ususfructus hoc singulare est quod ad heredes non transmittatur et ejus dies ab aditâ tantum hereditate cedat (D. 33, § 2). In hoc, legatum ususfructus cum annuo legato convenit, quia utrumque morte legatarii finitur. Sed differt ab eo, quod legatum ususfructus unum sit et semel tantum cedit (D. 7. § 1.); legatum vero annuum multiplex est (*ibid*). At quid, si ususfructus per singulos dies, aut in annos singulos legatus fuerit , an semel cedat? Et placuit semel non cedere , sed per tempora adjecta , ut plura legata sint (D. *ibid,*).

Legatum ususfructus capitis diminutione finitur (D. 4, t. 29.) nisi in eum casum a testatore repetitus sit, quia licet testatori repetere legatum ususfructus, ut etiam post capitis diminutionem deberetur (D. 4. t. 23). Legatum vero in annos singulos relictum morte quidem legatarii intercedit, capitis diminutione tamen interveniente, perseverat. Ratio est, quia tale legatum potius in facto quam in jure consistit. Porro, fructuarius nihil ad heredem transfert, licet in fine anni maturis fructibus et nundum perceptis decedat ; legatum annum vero in heredem transit, si nundùm exacto legato legatarius post anni initium decesserit. (D. 33, t. 8).

Legatum ususfructus, si municipibus relictus sit finitum centum annis ; quia diuturnior vita hominis extra hoc spatium non excurrit , non debet autem ususfructus in perpetuum a proprietate separari , ne proprietas apud dominum inutilis remaneat (D. 8. h. t.) Legatum vero annuum potest municipibus relinqui, etiam in perpetuum (D. 33. 2. 6.).

Legatum ususfructus non utendo amittitur , si tamen legatarius sua culpa non utatur , non item in legato annuo (D. 33. 2. 6.).

Nunc ponamus , legatum ita relictum esse : *ut ex reditibus quot annis in ea civitate memoriæ conservandæ defuncti gratià spectaculum celebretur, jurisconsultus adjicit quod illic celebrari non licet ?*

Quid existimavi de eo legato oportet ? Modestinus respondit , iniquum esse hanc quantitatem quam in spectaculum defunctus destinaverit lucro heredem cedere. Quid ergo de hac quantitate acturum sit ? Isdem Modestinus suadet, adhibitis heredibus et primoribus civitatis dispiciendum est , in quam rem converti debeat fideicommissum , ut memoria testatoris alio et licito genere celebretur (h. t. 16).

Jam quid sit legatum reditus ? Legatum reditus est illud, quo pensiones quæ ex aliquo prædio urbano , vel rustico, singulis annis percipiuntur alicui relictæ sunt.

Nunc , legatum *reditur* Anni legato ususfructus simile est in eo , quod utrumque legatum morte legatarii finiatur (D. h. t. 22.), quia ,

ait Aristo , *aut usufructui simile esset , aut huic legato , in annos singulos.*
Item simile est in eo quod , sicut heres legatario ususfructus non ,
tenetur præstare id , quo ususfructus citra ejus culpam minor factus
est , ita nec legatario reditus (D. h. t. 38).

At usufructuarius potest per se uti et inhabitare , etiam invito domino,
is autem cui reditus relictus est non potest, sed sufficit , si offeratur ipsi
annua quantitas , quæ ex locatione fundi, quotanni redigi solet (D. h. t;
88). Imò et potest heres invito eo cui reditus relictus est fundum vendere
et legatario offerre quantitatem annuam quàm testatore ex locatione fundi
redigere consveverat. Item heres non tenetur prædium reficere nisi
ejus facto reditus minoris facti sint. (Id. 38). Legatum *operarum* , non
tantùm operæ servi , sed et liberi hominis relinqui possunt. (D. 38. 1.
27 Cujacius). Hic valde quæritur , utrum à die aditionis hereditatis ,
an à die petitionis , dies legati cedat ? Et placuit ex die petitionis
legatum cedere , — Ergo , cui pereant dies , quibus æger servus fuit ?
Respondit Ulpianus , *legatario eos perire* (D 7 h. t.).

In hoc legato operæ ac ipsæ vel operarum mercedes ad legatarium
pertinent , etiam si legatarius eas non locaverit (D. 2. h. t.).

Hoc legatum morte legatarii non extinguitur , neque ejus minima capitis diminutione, nec etiam non utendo (ibid.). Verum servo usucapto
pereunt ; licet servo usucapto , nec ususfructus ejus pereat , nec jus
pignoris (D. 7. 1. 17. § 2); (itidem Cujacius ad legem 2 , h. t.).

Ergo , legatum operarum differt a legato ususfructus, quod ususfructus
morte , capitis diminutione et non utendo amittatur , legatum operarum
vero non item.

Quod usufructuarius jus suum in alium transferre non possit (D. h. t.
2). Quod usucapto servo , cujus ususfructus legatus est. Legatum non
pereat ; contra vero pereat operarum præstatio. Quod, denique , usu-
fructus liberi hominis inutiliter legetur operæ vero liberi hominis utiliter
legentur.

POSITIONES.

I. Qui duos fundos habebat, unum legavit, et alterius fundi usumfructum alii legavit, an, si usufructuarius ad fundum aliunde viam non habeat, quam per illum fundum qui legatus est, fructuario servitus debeatur? — Debetur. (D. h. 15. 2.)

II. Titio ususfructus Stichi, aut si navis ex Asia venerit decem legata sunt; an legatarius possit usumfructum petere, antequam conditio decem exstat vel deficiat? — Non. (D. h. t. 21).

Code Napoléon.

De la prescription.

Livre 3, titre 20. — Art. 2260 à 2281.

Ce n'est pas sans une bien grande répugnance, nous devons le dire, que nous voyons le Droit pour arriver à son application, recourir à l'emploi d'une chose qui blesse assurément les règles fermes et certaines de l'équité : ce n'est donc pas, en effet, sans qu'il nous répugne infiniment que nous admettons la loi, lorsqu'elle prend son principe fondamental dans des détours nombreux et pleins d'artifices qui habituellement donnent prise à la mauvaise foi ; puisque par son secours souvent, on n'arrive qu'à trouver des moyens de spoliation et qu'à découvrir des appuis pour nuire impunément à autrui.

Quoi qu'il en soit cependant, nous dirons qu'il nous est impossible de ne pas lui reconnaître les bons résultats qu'elle procure lorsque nous faisons appel à son application. C'est par son emploi, en effet, que l'on arrive à éteindre toute action, c'est par son secours également que la propriété se trouve consolidée. Ce sont effectivement ces avantages que nous procure la prescription qui, au point de vue juridique seulement, à notre avis, lui ont valu de la part des anciens auteurs le nom de *patrone du genre humain.*

Aussi, le dirons-nous, si nous croyons juste de blâmer l'institution de la prescription, à laquelle, en général, on ne peut pas le contester, on doit donner aujourd'hui la mauvaise foi pour base, nous reconnaissons néanmoins en elle une institution nécessaire à l'ordre public, quoiqu'elle soit, en réalité, en opposition avec les règles de la conscience.

En effet, le Code définit la prescription : un moyen d'acquérir ou de se libérer par un certain laps de temps et sous les conditions déterminées par la loi.

Quoi de plus injuste, consciencieusement parlant, bien entendu, que de voir l'homme négligent, tolérant, si vous voulez même, quoi de plus injuste, disons-nous que de voir cet homme, soit par suite de sa négligence, soit par suite de sa tolérance, dépouillé de son droit de propriété, ou bien de voir sa propriété grevée d'une servitude que ce *moyen* vous aura fait acquérir. Je sais que l'on nous opposera, que la négligence, voire même la tolérance, sont des présomptions que donne la loi, au point d'y remarquer un abandon que l'on est prétendu avoir fait de sa propriété : je sais que l'on nous opposera cette raison, et même avec d'autant plus d'énergie, que la maxime, *qui tacet consentire videtur*, semble favoriser entièrement leur prétention et arrêter ainsi pour eux toute contestation ; et qu'ensuite, l'utilité de la propriété, la culture, étant le but seul auquel aspire la société, la loi s'est vue dans la nécessité de recourir à l'emploi de la prescription.

C'est juste, mais la propriété n'est-elle pas pour chacun un droit inviolable et sacré? Devons-nous profiter impunément, de cette négligence? bien plus encore, mais devons-nous par nos artifices chercher à nous en faciliter tous les succès, pour la faire naître chez notre adversaire et le rendre ainsi dupe de nos manœuvres, que je ne crains pas alors de qualifier de honteuses ; en un mot, devons-nous nous enrichir au préjudice d'autrui? Le droit, lui, c'est incontestable, nous le défend, la morale, elle, à son tour, ne nous le commande pas. Pourquoi par conséquent, la loi, dans ce cas, donnerait-elle plus de latitude, au détriment même dés règles d'une bonne justice et d'une conscience droite!

Comme le travail qui nous est imposé, ne nous permet pas de nous livrer à l'examen suivi et à la discussion trop approfonndie qu'exigerait, à coup sûr, cette question, nous nous bornerons à dire, que nous reconnaissons fort bien l'utilité de la prescription, mais que tout autant seulement, qu'elle se fonde sur la bonne foi, comme on l'exigeait du reste dans notre ancien Droit français, où nous voyons, en effet : *qui præscribit, debet in nulla temporis parte habere rei conscientiam alienæ* : tandis que nous ne pouvons l'admettre lorsqu'elle s'éloigne des règles de la conscience et qu'elle laisse à tout homme d'honneur le regret de savoir qu'il continue à être obligé dans son for intérieur, bien qu'il ne le soit pas aux yeux de la loi civile.

Quoi qu'il en résulte donc de ce que nous venons de dire, et sans nous arrêter plus long-temps à rechercher s'il y a plus ou moins d'équité dans l'institution de la prescription, attendu que nous n'avons à nous préoccuper ici que de la matière qui est afférente à loi civile, nous allons, maintenant que nous connaissons le caractère de prescription, c'est-à-dire celui de nous faire acquérir et de nous libérer par un certain laps de temps, nous allons, disons-nous, rechercher quels en sont les effets et les différentes manières dont elle peut se présenter.

Pour cela faire, et afin de mettre plus de clarté dans notre travail, nous établirons une division que nous croyons nécessaire, si nous voulons entrer plus avant dans le cœur même de la question qui est posée : cette division est celle par laquelle nous reconnaissons la prescription en *ordinaire* et *extraordinaire*. Cette dernière comprend celles qui sont connues sous le nom de prescriptions particulières.

Néanmoins, avant de nous livrer entièrement à l'examen de ces deux espèces de prescriptions, nous croyons convenable de mentionner, au préalable, une chose qui leur est commune ; pour nous occuper ensuite de l'étude de chacune d'elles. Cette chose est celle de savoir le temps qui est nécessaire pour prescrire. Or donc, comme cette formalité se trouve exigée pour l'une comme pour l'autre espèce, nous dirons avec l'art. 2260 : « La prescription se compte par jours et non par heures. »

Ce n'est pas sans raison que la loi, dans cet article, s'exprime d'une manière aussi formelle. Elle a voulu prévenir les nombreuses contestations que, certes, aurait fait naître la question de savoir, avec précision, le point de départ de la prescription. N'était-ce pas, en effet, livrer l'homme à des procès inextricables, que la recherche de l'heure à laquelle la prescription avait commencé pour appliquer avec exactitude celle à laquelle elle avait fini ? Point de doute à cet égard ; c'est depuis tel jour jusqu'à tel jour seulement que doit être pris le point de départ de la prescription et non *de momento ad momentum*. M. Duranton vient à l'appui de ce que nous avançons en nous disant : « Ce n'est pas tel nombre de délais de vingt-quatre heures que la loi exige, mais tel nombre de jours, commençant *civiliter*, chacun à minuit pour finir à minuit. »

Si nous nous en tenons à cette opinion, elle ne peut que nous servir à décider une question qui se présente et qui n'offre pas moins de difficulté, puisqu'elle divise encore les auteurs. Aussi, dirons-nous, les fractions de jours ne sont pas comprises dans le temps qui est exigé pour prescrire, par la raison, que nous avons déjà mentionnée, que ce n'est pas par heures, mais par jours, que se compte la prescription. Ce qui revient à dire qu'il n'y a que les jours *complets* qui comptent.

Mais ne croyons pas avoir suffisamment répondu à cette question ; il nous reste encore à savoir si le jour qui sert de point de départ à la prescription (le *dies a quo*) et le jour de l'échéance (le *dies ad quem*) doivent être comptés.

Quant au jour de l'échéance, son interprétation ne doit pas soulever de difficulté. L'art. 2261 s'exprime trop clairement pour faire naître la moindre controverse. Nous y lisons, en effet : « Elle est acquise (la prescription) lorsque le dernier jour du terme est accompli. » Que décider maintenant quant au jour qui sert de point de départ à la prescription ? La loi, quoi que l'on en dise, n'est pas muette sur cette question ; car il nous semble , comme nous le verrons bientôt , que , si elle ne s'exprime pas aussi expressément que dans le premier cas , elle fait pourtant connaître son intention à cet égard.

Bien que de savants auteurs aient soutenu le contraire, nous dirons que le *dies a quo* ne doit jamais être compté; car, par son emploi, on n'arrive qu'à des conséquences inadmissibles. Ainsi, j'acquiers la possession d'un immeuble à midi : la possession, d'après ce système, aura couru dès la première heure du jour, c'est-à-dire à une époque où je ne possédais pas ! Se peut-il donc que la prescription produise ses effets , même avant qu'elle existe ! qu'exige la loi ? un délai franc ; l'avons-nous dans ce cas ? Nous n'hésitons pas à le répéter , le *dies a quo* ne doit jamais faire partie du temps qui est nécessaire pour prescrire.

Du reste , que signifie le jour que l'on ajoute au temps exigé pour la prescription ? N'est-ce pas pour nous une preuve que le *dies a quo* ne doit pas comparaître dans le délai fixé? quelle autre interprétation donner à la volonté de la loi ! Par conséquent , si le législateur n'a pas consacré un article spécial pour dire qu'il doit en être ainsi du *dies a quo*, nous ne devons pas voir dans ce silence une volonté contraire , puisque le jour qu'il exige qu'on ajoute au temps de la prescription , n'est que la conséquence de la règle : *dies a quo et dies ad quem non computantur.*

Pour ce qui est de la prescription qui s'accomplit par moins d'un an, le temps se calcule d'après le calendrier Grégorien, sans avoir égard à l'inégalité à laquelle sont soumis les mois, et sans s'arrêter non plus aux jours fériés, alors que le jour férié serait le dernier de la prescription. On compte de quantième à quantième, du 1er au 1er, du 10 au 10, par exemple.

De la prescription ordinaire, autrement dit trentenaire.

Enfin , par l'ordre des choses , nous arrivons à traiter maintenant es matières qui forment la division que nous avons énoncée déjà, c'est-à-dire l'examen de la prescription *ordinaire* d'abord, pour parler ensuite de la prescription *extraordinaire*.

Sous le nom de prescription ordinaire, nous comprenons seulement celle qui se compose d'un délai fixe, invariable; celle que l'on applique habituellement, à moins que la loi n'y déroge par une disposition particulière qui permet de recourir alors à un temps plus court, mais qui ne peut être plus long. Sur ce point, du reste, l'art. 2262 doit nous servir de règle. Il nous dit, en effet : « Toutes les actions, tant réelles que personnelles, sont prescrites par trente ans, etc. ».

Mais ne nous hâtons pas de généraliser les termes de cet article; car, en disant *toutes les actions*, n'allons pas croire que la loi sacrifie dans ce cas celles qu'elle a déclarées plus haut imprescriptibles, notamment celles dont elle parle dans les articles 338, 716 et 2257. La loi est une, elle ne revient pas sur ses prescriptions.

Tout l'intérêt de la question ne roule pas seulement sur ce que nous venons de dire. En effet, nous devons établir une différence qui existe entre les actions réelles et les actions personnelles; car, quoique ce soit la même loi qui les régisse, elle ne produit pas les mêmes effets sur chacune d'elles. Ainsi, qu'il s'agisse d'une action réelle, la prescription se compose de deux éléments : du *laps de temps*, et de *la possession* de la chose par une autre personne. Mais, parce que je n'aurai pas fait usage de mon droit de propriété, cela ne veut pas dire que j'ai perdu mon droit par cela seul que je ne l'aurai pas exercé pendant trente ans. Il faut quelque chose de plus; il manque la *possession* par une tierce-personne; tandis qu'il n'en est plus de même quand il s'agit de l'action personnelle, qui s'éteint par cela seul que celui auquel elle appartient reste dans l'inertie pendant le temps requis pour prescrire. C'est ce que semble corroborer le même article quand il ajoute : « sans que celui qui allègue cette prescription soit obligé d'en rapporter un titre ou qu'on puisse lui opposer l'exception tirée de la mauvaise foi ».

Nous ne nous livrerons pas de nouveau à critiquer l'intervention de la mauvaise foi dans l'application du droit, notre position ne nous le permet pas, nous ne devons que remplir la tâche qui nous est imposée.

Bien que nous nous trouvions choqué de l'opinion de Dunod, lorsqu'il nous dit : «La loi passe sur l'indignité de la personne qui possède de mauvaise foi, en faveur de la tranquillité publique qui procure cette prescription ». C'est pourquoi nous dirons avec la loi civile : celui qui invoque une prescription *trentenaire* acquisitive doit prouver seulement deux choses : 1º qu'il a possédé la chose dont il affirme être le propriétaire; 2º qu'il l'a possédée *pendant trente ans* ».

Cela va sans dire, il n'est pas nécessaire que l'on fasse appel à la conscience. Je possède, parce que je possède, peut-on dire: *possideo quia possideo*.

Partant alors de ce *même principe*, nous dirons que celui qui ne veut pas laisser prescrire une rente soit viagère, soit perpétuelle, doit en renouveler tous les vingt-huit ans le titre, dont les frais, nous dit l'art. 2263, sont pour le compte du débiteur.

Nous croyons nécessaire de ne pas aller plus avant sans avoir fait remarquer les éléments qui peuvent composer une rente. Disons-le donc, on doit considérer deux choses dans une rente : 1º la rente elle-même, c'est-à-dire le droit d'exiger annuellement les arrérages; 2º les produits qui proviennent de la rente et qui forment ce que l'on appelle les arrérages.

Ce n'est pas sans un juste motif que nous avons appelé l'attention sur la rente ; car, c'est afin de ne pas confondre les deux éléments, qui chacun ont leur conséquence particulière, quoique l'un soit produit par l'autre et quoiqu'il paraisse, par voie de conséquence, être réglé par la même loi. C'est, en effet, cette distinction qui existe, qui nous amène à dire : que la rente elle-même se prescrit par *trente ans*. Tandis que les arrérages considérés individuellement tombent sous le coup d'une autre manière de prescrire, que nous verrons bientôt, et se trouvent seulement soumis à la prescription de *cinq ans*, à compter de leur échéance.

La loi devait, en effet, protéger le créancier : voilà pourquoi, prévoyant toutes les fraudes contre lesquelles il pourrait être en butte, elle lui permet de renouveler son titre tous les vingt-huit ans, afin de se procurer toutes les assurances que lui donnait son premier titre.

Cependant, il peut arriver que le débiteur refuse de se soumettre à lui donner un nouveau titre. La chose n'offrira pas une grande difficulté : pendant les deux ans qui resteront à courir avant l'entier accomplissement de la prescription, le créancier n'a qu'à assigner son débiteur en reconnaissance de son droit : le jugement qui en résultera servira de titre nouveau.

Remarquons ici combien cette mesure est utile ; car, admettons que les arrérages vous aient été intégralement payés pendant vingt-huit ans : au lieu d'agir pendant les deux ans qui vous restent, vous laissiez les choses dans le même état ; au terme de ces deux années, le débiteur pourra très-bien venir vous dire : votre rente est prescrite par la raison que vous êtes resté dans l'inaction. Quel moyen lui opposerez-vous ? Aucun. Les seules choses qui pourraient protester, sont les quittances des arrérages que vous avez reçus ; mais elles ne sont pas en vos mains, le débiteur seul les détient. Croyez-vous que puisqu'il vous oppose la prescription, il vous les livrera. Assurément vous ne pouvez qu'être victime de sa fraude. Disons-le donc, remarquons la sagesse de la loi en permettant au créancier d'exiger un nouveau titre.

A propos de la prescription de la rente, il est encore une question que nous ne devons pas passer sous silence, attendu que la division qu'elle a occasionnée entre les auteurs, doit être pour nous un sujet de mentionner l'opinion généralement adoptée, à cet égard ; cette question est celle de savoir à quelle époque on doit se placer pour commencer à prescrire la rente ? Est-ce bien à partir de la date du titre, ou bien, comme l'ont dit certains auteurs, est-ce à compter de l'échéance de la première annuité ? Quoi que l'on en dise, nous croyons plus juste de commencer l'époque de la prescription à partir de la date du titre lui-même, par la raison que les *trente ans* doivent avoir le même point de départ que les vingt-huit ans après lesquels le créancier a le droit d'exiger un nouveau titre.

De la prescription extraordinaire, dite prescription de dix et vingt ans.

Supposant avoir suffisamment fait connaître les éléments qui constituent la prescription trentenaire, nous allons nous occuper actuellement de la manière dont on procède quand on fait emploi de la prescription extraordinaire, dite prescription de dix et vingt ans.

La dénomination sous laquelle nous comprenons ce genre de prescrire, embrasse la prescription qui n'exige pour sa formation qu'un délai qui peut varier. C'est ce qui fait que nous rangeons dans une même catégorie la prescription de dix et vingt ans, et celles auxquelles le Code donne le nom de prescriptions particulières, employées pour des cas spécialement réservés. Aussi, à raison de leurs nombreuses variations, les avons-nous rangées dans une même catégorie à laquelle nous avons donné le nom de prescription *extraordinaire*.

A la différence de la prescription trentenaire, celle de dix et vingt ans se fonde sur des principes équitables : attendu que, outre le laps de temps et la possession qui sont nécessaires pour cette dernière espèce, on exige, pour arriver à l'emploi de la prescription de dix et vingt ans, que celui qui l'oppose présente des garanties, qui, il faut bien le dire, nous font comprendre ici seulement l'utilité de la prescription, sans nous faire abandonner pourtant l'opinion que nous avons sur la prescription *trentenaire*.

En effet, la prescription de dix et vingt ans est soumise à deux conditions spéciales : la bonne foi — un juste titre.

La bonne foi. — Jusqu'ici nous avons trop appelé l'intervention de la bonne foi dans l'application de la prescription trentenaire, pour que nous ne cherchions pas à en donner la définition et pour que nous ne fassions pas connaître le sens que l'on donne à cette expression.

Par bonne foi, on entend : la croyance ferme dans laquelle on se trouve, que l'on a acquis légitimement la propriété de la chose possédée.

De là résulte que, pour prescrire, il faut, dans ce cas, non-seulement avoir cette croyance, mais aussi faut-il que la bonne foi soit bien fondée et que le titre sur lequel elle repose ne soit entaché d'aucune

3

erreur, de manière à ne la rendre excusable que tout autant que l'homme le plus attentif se serait lui-même laissé tromper.

Malgré tout, ne nous empressons pas de proclamer la bonne foi telle que le Code l'exige. Ne voyons-nous pas encore une atteinte à la conscience, lorsque, pour l'appliquer, le Code se sert de la théorie Romaine, en nous disant : « La bonne foi suffit au moment de l'acquisition. » Que n'a-t-il conservé celle de notre ancien Droit Français qui nous dit : *Il ne suffit pas que le possesseur soit de bonne foi au moment où il acquiert la possession ; il faut, de plus, que la bonne foi se soutienne pendant tout le temps requis pour la prescription.*

Quoi qu'il en soit, l'art. 2269 est formel ; c'est seulement au moment de l'acquisition qu'elle doit exister. Aussi le législateur a-t-il eu égard à cette bonne foi qui peut se trouver chez celui qui prescrit, en ne le soumettant pas aux rigueurs du droit commun. C'est pourquoi il a cru devoir diminuer la durée du temps en la réduisant à celle de dix et vingt ans, selon, comme nous le verrons plus tard, les circonstances qui peuvent se présenter.

Outre cet avantage, nous devons en signaler un autre, c'est que celui qui a prescrit n'a pas à invoquer la prescription. C'est seulement celui qui l'oppose à le prouver ; preuve qui peut être faite par toute espèce de moyens, par titres, par témoins et même par simples présomptions.

Le juste titre. — Enfin, nous arrivons à la seconde condition exigée pour la prescription de dix et vingt ans : nous voulons parler du juste titre. Nous devons faire remarquer que le mot titre est, en Droit, susceptible de plusieurs sens. En effet, tantôt il signifie un certain fait destiné à produire des effets civils, comme un contrat de vente, par exemple ; en d'autres termes, il signifie la cause qui sert à établir un droit véritable et apparent. Tantôt, enfin, il signifie l'écrit (le *titulus*), qui a été dressé pour constater le fait lui-même et qui est destiné à le prouver. Ce n'est pas dans ce dernier sens que l'art. 2265 l'emploie ; il veut marquer ici la cause qui fait naître un droit sur une chose.

Mais il ne suffit pas qu'il y ait un titre, il faut encore que ce titre lui-même ait une qualité, celle d'être juste. Un titre est juste toutes les fois qu'il est d'une nature telle qu'il peut légitimement faire croire à l'acquisition de la propriété. C'est par ce titre, en effet, que nous expliquons et que nous justifions cette croyance. En conséquence donc, par juste titre, nous comprendrons avec la généralité des auteurs, le fait juridique au moyen duquel on acquiert la possession et qui réunirait, s'il émanait du véritable propriétaire, toutes les conditions prescrites par la loi pour transférer la propriété.

De là, surgissent plusieurs objections, entre autres celle de savoir si un titre nul par défaut de forme peut servir de fondement à la prescription ? Nous n'hésitons pas à émettre la négative. Comment, en effet, pourrions-nous supposer qu'il y eût des personnes qui puissent se fonder pour prescrire, sur un titre sous seing-privé, tandis que pour sa validité il faut qu'il soit revêtu de formes solennelles, comme une donation, par exemple. Mais, supposons que le titre soit régulièrement passé, et que la donation seulement soit faite par un mineur; croyez-vous que dans ce cas encore il y aura plus lieu à la prescription ? Nous le déclarons donc : point de prescription dans ces deux cas.

Mais à côté de cette objection s'en trouve encore une autre. Que décider d'un titre putatif ? peut-il servir de point de départ à la prescription ? Dans ce cas, nous devons distinguer. Posons une espèce pour mieux nous faire comprendre : en effet, devons-nous confondre, par exemple celui qui *croit* faussement posséder en vertu d'un juste titre; ainsi celui qui croit avoir acheté, quoiqu'il n'en ait rien fait, doit-il être assimilé à celui qui, ayant donné mandat de lui acheter une maison, se rend possesseur, sur un faux acte que lui a fabriqué son mandataire, de la maison qu'il avait désirée? Cette opinion, bien qu'erronée, est légitime et raisonnable; elle équivaut à un juste titre; aussi ne faisons-nous pas difficulté d'admettre dans un cas semblable une distinction, quoique nous nous voyons en controverse avec des auteurs qui disent; « On ne doit rien suppléer lorsqu'il s'agit de faire acquérir à quelqu'un le bien d'autrui! »

C'est par le même motif aussi que nous déciderons que celui-là peut prescrire, qui possède en vertu d'un legs régulier, mais révoqué par un codicille dont il ignore l'existence.

Pour répondre à la seconde partie de notre article 2265 , nous allons rechercher les circonstances dans lesquelles on prescrit par dix ou vingt ans. D'après cet article, celui qui acquiert de bonne foi et par juste titre un immeuble,, en prescrit la propriété par dix ans si le véritable propriétaire habite le ressort de la Cour Impériale dans l'étendue de laquelle se trouve l'immeuble, et par vingt ans s'il est domicilié hors dudit ressort.

Notre Droit diffère du Droit Romain en ce que ce dernier ne considérait que le domicile du possesseur et celui du propriétaire, tandis que aujourd'hui on ne s'attache qu'à deux choses pour voir l'absence ou la présence. Ces deux choses sont : *le domicile du propriétaire* et la *situation de l'immeuble* possédé. On ne tient pas compte du domicile du possesseur. Notre but serait certainement de nous en tenir aux termes de l'art 2265; mais, pouvons-nous en parler sans mentionner le résultat bizarre auquel on arrive en l'appliquant. Ainsi, le propriétaire habite-t-il dans le ressort de la Cour impériale dans l'étendue de laquelle l'immeuble est situé, il est réputé présent; c'est la prescription de dix ans que nous appliquerons. Au contraire, est-il domicilié hors dudit ressort, il est réputé absent : c'est la prescription de vingt ans que l'on doit lui opposer. Mais, ne peut-il pas arriver qu'un individu ait son habitation très-rapprochée d'un immeuble, et qui pourtant sont situés dans deux ressorts diiérents; disons même, à l'inverse : ne peut-il pas se faire qu'un individu soit propriétaire d'un immeuble dans le même ressort dans lequel il a son habitation, mais que son habitation soit à une très-grande distance de cet immeuble? Comment, dans le premier cas, pouvons-nous appliquer la prescription de vingt ans à l'égard de celui qui de sa fenêtre peut voir l'immeuble qui lui appartient, tandis que vous assujettissez le second à la prescription de dix ans, lorsque ce dernier peut se trouver domicilié à quarante lieues peut-être de de son immeuble !

La coutume de Sédan paraissait plus logique , en ne s'attachant qu'à la distance existant entre le domicile du propriétaire et la situation de l'immeuble. « Sont réputés présents, disait-elle, ceux qui sont demeurants dedans dix lieues à l'environ de la situation de l'immeuble; ceux qui sont demeurants plus loin que dix lieues sont réputés absents ». Quoi qu'il en soit, le Code s'est éloigné de cette coutume, et a rendu l'art. 2265 seul applicable.

Nous avons encore à rechercher une chose, qui, assurément est d'une grande importance pour l'application de l'article 2265 ; c'est celle qui a pour objet de voir, si, pour juger la présence ou l'absence du propriétaire, on doit s'attacher au lieu où il habite ou bien au lieu de son domicile? Après bien des controverses sur ce point, et, quoi que l'on en dise des inconvénients que l'on trouve dans la résidence, nous ne ferons pas difficulté d'appliquer la décison qui nous est fournie, du reste, par Pothier : « bien que nous nous servions du mot domicile, nous n'entendons parler que du domicile de fait, c'est-à-dire de la résidence. »

Comme cette question d'absence et de présence aurait pu présenter de nombreuses difficultés, la loi a prévu les cas dans lesquels elle devait être appliquée, notamment lorsque le propriétaire a eu son domicile tantôt dans le ressort, tantôt hors du ressort dans l'étendue duquel est situé l'immeuble. Que faire alors? la loi nous le dit: on doit pour compléter la prescription ajouter aux années de présence un *nombre d'années d'absence* double de celui qui manque, pour compléter dix ans de présence. Ainsi, qu'un individu ait habité six ans dans le ressort de la Cour Impériale de la situation de l'immeuble, il faudra pour compléter la prescription huit ans de plus s'il vient à habiter hors le dit ressort, au lieu de quatre ans seulement qu'il lui eût fallu s'il fût resté dans le même ressort.

Cela dit, nous allons voir maintenant quels sont les effets de la prescription de dix et vingt ans. Par cette prescription, nous acquérons : 1o la pleine propriété des immeubles déterminés; 2o l'usufruit des immeubles, ainsi que les droits d'usage ou d'habitation ; 3o les servitudes réelles, pourvu qu'elles soient continues et apparentes.

Remarquons une chose, c'est que cette prescription ne s'applique à aucune universalité. Ainsi, un héritier apparent vous vend une succession à laquelle il se croit appelé ; quoique vous la possédiez en vertu d'un juste titre, vous ne l'acquerrez jamais par la prescription de dix et vingt ans, vous ne pouvez qu'invoquer à votre appui la prescription trentenaire.

L'usufruit des immeubles peut aussi se prescrire par dix et vingt ans. L'article 526 ne le compare-t-il pas à un immeuble? Par conséquent, point de difficulté pour lui faire subir les mêmes conséquences.

Ce qui seulement a soulevé de violentes discussions, c'est la question de savoir si les servitudes réelles, continues et apparentes devaient être soumises à ce genre de prescription? Le Code ne leur consacre-t-il pas un titre qui leur est particulier, dit-on ; pourquoi, par conséquent, déroge-t-on à la règle à laquelle on les soumet dans cet article, c'est-à-dire de n'être prescrite que par trente ans?

Pour notre compte, nous dirons que la loi dans les articles 617 et 706 règle les rapports de ceux auxquels les servitudes sont dues, avec ceux qui les ont constituées ou leurs héritiers ; tandis que dans l'article 2265, le rapport existe entre le maître de la servitude et le tiers acquéreur de l'immeuble sur lequel elle porte. Les deux espèces ne sont donc pas les mêmes ; dans le premier cas, c'est une prescription *libératoire*, dans le second elle est acquisitive.

Pour nous résumer donc sur les deux espèces de prescription, nous dirons que l'on ne peut pas acquérir par prescription *de dix et vingt ans*, pas même par celle *de trente ans* : 1º les servitudes discontinues ou non apparentes ; 2º les hypothèques, en ce sens que l'on ne peut constituer ni créer une hypothèque en la possédant pendant un certain temps ; 3º les créances ou les rentes.

Enfin, pour marquer les effets que produisent la prescription ordinaire et la prescription extraordinaire, nous dirons que toutes les deux courent contre tous ceux qui ont sur la chose possédée un droit réel, de quelque nature qu'il soit, droit de pleine propriété, d'usufruit, de servitude ou d'hypothèque ; sans que l'on doive établir la moindre distinction entre les droits purs et simples et les droits à terme ou conditionnels, car le terme et la condition ne suspendent jamais la prescription acquisitive.

Prescriptions particulières.

Jusqu'ici, nous n'avons parlé que des prescriptions auxquelles on donne le nom de *longues* prescriptions ; elles sont ainsi nommées , parce que le temps qui est exigé pour leur formation , comprend une époque qui est toujours de plus de cinq ans. Nous devons nous occuper maintenant de celles qui portent le nom de *petites* prescriptions , ainsi appelées , parce qu'elles s'accomplissent par cinq ans ou par un temps moins long.

Mais , ce ne sont pas là les seules différences qui existent entre elles ; nous devons en mentionner encore deux autres qui nous font voir que l'on ne doit pas les confondre : 1o c'est que les premières n'exigent que le temps et l'inaction du créancier , tandis que , parmi les secondes quelques-unes demandent une troisième condition , la *prestation de serment* par le créancier (art. 2295).

2o Les longues prescriptions sont suspendues pendant la minorité ou l'interdiction du créancier (art. 2252), tandis que les petites courent même contre les mineurs et les interdits (art. 2278). Ce sont ces dernières que le Code range en quatre classes , et, selon l'importance et la nature des choses sur lesquelles elles s'exercent, il les termine à six mois , un an , deux ans et cinq ans.

L'article 2271 nous montre dans quel cas est applicable la prescription de six mois. Il est ainsi conçu : « L'action des maîtres et instituteurs des sciences et arts , pour les leçons qu'ils donnent au mois ; — celles des hôteliers et traiteurs , à raison du logement et de la nourriture qu'ils fournissent ; — celles des ouvriers et gens de travail , pour le paiement de leurs journées , fournitures et salaires , — *se prescrivent par six mois.* »

Le Code nous dit bien ici pour les leçons que les maîtres donnent au mois , mais il ne parle pas de celles qui sont données par trimestre. Quelle prescription leur appliquer ? Nous croyons dans ce cas devoir leur appliquer celle de cinq ans , conformément à la règle générale de l'article 2277 : « Tout ce qui est payable *par année ou à des termes périodiques plus courts*, se prescrit par cinq ans. »

Mais, remarquons que si le marché était fait de manière à ne porter qu'un prix unique pour plusieurs années, au lieu d'être fait à tant par an, ce serait la prescription trentenaire qui serait applicable; ce cas, en effet, n'est régi ni par les art. 2271, ni 2272, ni enfin par l'article 2277.

Quant aux hôteliers et traiteurs, les termes de la loi sont formels, ils ne peuvent faire naître aucun doute.

Pour ce qui est des ouvriers et des gens de travail, nous dirons que leur action se prescrit par six mois, pourvu que le salaire ne soit pas fixé à tant par an. Cependant, ceux qui travaillent à *forfait*, tels que architectes, entrepreneurs, serruriers, charpentiers, maçons, ne sont pas soumis à ce mode de prescrire. La prescription trentenaire est seule applicable.

En procédant toujours par ordre du Code, nous venons à l'art. 2272: par cet article nous voyons que l'action des médecins, chirurgiens et apothicaires, pour leurs visites, opérations et médicaments, se prescrit par un an, de même pour les hôteliers, traiteurs, etc.

Pour ce qui est du temps de la prescription, point de difficulté. Seulement à quelle époque devons-nous nous placer pour commencer la prescription? Certains auteurs veulent que chaque visite commence une prescription. Ne serait-il pas préférable de considérer plutôt, pour le point de départ, la mort ou la guérison de la personne pour laquelle le médecin a été appelé, en un mot, le moment où le médecin a cessé de voir le malade?

Pour les hôteliers et traiteurs, elle commence du jour pris pour le paiement. Le consommateur ne doit-il payer que par mois, quinzaine; la prescription ne commence qu'à compter du mois, de la quinzaine, du jour même, s'il doit payer chaque jour.

Pour ce qui est des domestiques qui se louent à l'année, elle ne court qu'à partir de l'expiration de l'année ou de la sortie du domestique.

La continuation des fournitures , services et travaux ne fait point obstacle à la prescription, nous dit l'article 2274 ; elle ne cesse de courir que lorsqu'il y a eu *compte arrété*, *cédule* ou *obligation*, ou citation en justice non périmée.

On entend par *arrêté de compte*, la reconnaissance de la dette au bas du mémoire ; par *cédule*, la reconnaissance de la dette par acte sousseing privé ; par *obligation* la reconnaissance de la dette par acte authentique.

Néanmoins, les créanciers auxquels les prescriptions de six mois ou d'un an sont opposées, peuvent déférer le serment à ceux qui les opposent, sur la question de savoir si la chose a été réellement payée. Ces sortes de prescriptions n'ont d'autre fondement que la simple présomption de paiement.

L'art. 2273 nous fait voir un autre genre de prescription. Il porte : « L'action des avoués, pour le paiement de leurs frais et salaires, se prescrit par deux ans à compter du jugement du procès ou de la conciliation des parties, ou depuis la révocation desdits avoués. A l'égard des affaires non terminées, ils ne peuvent former de demandes pour leurs frais et salaires qui remonteraient à plus de cinq ans ».

La manière aussi claire et aussi précise dont s'exprime cet article, nous permet de passer à la dernière des petites prescriptions. Lisons l'article 2277, et nous verrons les choses qui y sont soumises : « les arrérages de rentes perpétuelles et viagères; — ceux de pension alimentaire ; — les loyers des maisons et le prix de ferme des biens ruraux ; — les intérêts des sommes prêtées, et généralement tout ce qui est payable par année ou à des termes périodiques plus courts, se prescrivent par cinq ans ».

Dans l'application de cette prescription, nous ne devons pas voir seulement une prescription de paiement, mais encore nous devons y remarquer une considération d'ordre public. En effet, ne serait-ce pas rechercher la ruine d'un débiteur que de laisser s'accumuler pendant trente ans les loyers, intérêts, arrérages ou revenus, dont le chiffre surpasserait de beaucoup le capital qui les aurait produits. M. Bigot-Préameneu, à qui nous empruntons cette idée, nous dit dans son exposé des motifs : « elle (la prescription de cinq ans) n'est pas seulement fondée sur une présomption de paiement, mais plus encore sur une considération d'ordre public; on a voulu empêcher que les débiteurs ne fussent pas ruinés par des arrérages cumulés ».

De là provient aussi cette décision généralement adoptée, par laquelle cette prescription ne s'applique pas aux dettes qui, bien que payables par année, ne sont point susceptibles d'accroissements successifs. Posons une espèce pour mieux nous faire comprendre : nous disons que les dettes de capitaux, quoique divisées en annuités, ne se prescrivent pas par cinq ans; la prescription trentenaire est seule employée. Ainsi, je vous prête 10,000 fr. sous la condition que vous me les rendrez en dix années par paiement de 1,000 fr. Bien que le capital soit payable par chaque année, votre dette n'est prescriptible que par trente ans ; elle est déterminée d'une manière invariable; le chiffre n'en grossira pas.

Nous en dirons autant des intérêts qui auraient été payés par un tiers pour le compte et à la décharge du débiteur. Ce ne sont plus, en effet, des intérêts payables par chaque année, mais un capital dont le chiffre est déterminé et invariable.

La prescription de *cinq ans* s'applique au contraire aux dettes susceptibles d'accroissements successifs ; il n'y a pas à distinguer à cet égard si elles sont ou non susceptibles d'être payables à des termes périodiques.

Enfin, avant d'en terminer avec cette matière, nous devons examiner une dernière question, celle, par exemple, qui est mentionnée par l'art. 2279, qui porte : « *En fait de meubles, la possession vaut titre*. Néanmoins, celui qui a perdu ou auquel il a été volé une chose peut la revendiquer pendant trois ans à compter du jour de la perte ou du vol, contre celui dans les mains duquel il la trouve, sauf à celui-ci, son recours contre celui duquel il la tient ».

Le considération d'équité et le motif d'ordre public sur lesquels repose cette prescription, nous font voir que c'eût été livrer l'homme à des procès nombreux pour parvenir à se faire restituer l'objet en question et dont souvent les dépenses faites surpasseraient de beaucoup la valeur de cet objet.

La règle, en fait de meubles... est fondée sur un double motif : 1º que la propriété des meubles n'étant point constatée par des écrits, ceux qui se mettent en relation de droit avec le possesseur d'un meuble , sont dans la nécessité de le croire sur parole quand il affirme qu'il en est réellement le propriétaire; 2º que les meubles passant rapidement de mains en mains, et leur identité étant fort difficile à constater , ce serait donner lieu à trop de procès que d'en autoriser la revendication.

Mais, disons qu'elle ne peut pas être appliquée à l'égard : 1º des meubles incorporels, tels que les créances et les rentes ; 2º des universalités de meubles corporels ou incorporels.

Quand on veut donc opposer cette courte prescription , il faut opposer le concours de trois conditions : 1º que celui qui l'invoque soit de bonne foi ; 2º qu'il possède en vertu d'un juste titre ; 3º qu'il ne soit pas obligé personnellement à la restitution de l'objet revendiqué !

Quoique notre règle nous paraisse formelle , elle offre pourtant des exceptions : ainsi le propriétaire de la chose volée ou perdue peut la revendiquer, comme nous le dit l'article 2279 , même contre les tiers acquéreurs de bonne foi, mais il ne le peut que pendant trois ans , et l'époque part du moment de la perte ou de la soustraction de l'objet.

Pour les choses volées , on doit distinguer : le possesseur a-t-il acheté dans une foire, un marché, une chose d'un marchand vendant des choses pareilles , sa bonne foi est si forte , son erreur si légitime , que l'on ne doit pas se montrer si rigoureux : aussi, sera-t-il obligé de rendre la chose ; mais le vrai propriétaire devra lui en fournir le prix , sauf le recours de ce dernier contre le voleur.

Tandis que si le voleur n'était pas marchand , il ne doit plus en être ainsi ; le possesseur doit rendre la chose, sauf son recours seulement contre le voleur.

Pour nous résumer donc , nous dirons : que la règle , *en fait de meubles* , la possession vaut titre ; ne s'applique ni aux meubles incorporels, ni aux universalités de meubles corporels ou incorporels ; elle n'a trait qu'aux meubles corporels et individuels.

De même, elle ne peut pas être invoquée : 1º par les possesseurs de mauvaise foi ; 2º par les détenteurs précaires, alors même qu'ils sont de bonne foi ; 3º par ceux qui sont obligés personnellement à la restitution de la chose qu'ils possèdent, alors même qu'ils ignorent l'obligation dont ils sont tenus.

POSITIONS.

I. Les fractions de jour doivent-elles être comprises dans le temps qui est exigé pour prescrire ? — Non.

II. Le *dies a quo* doit-il servir de point de départ pour la prescription ? — Non.

III. Celui qui possède en vertu d'un titre régulier, mais révoqué par un codicille, peut-il prescrire ? — Oui.

IV. Le point de départ de la prescription de la rente doit-il commencer à la date du titre ? — Oui.

Procédure Civile.

___

Du Désaveu.

Livre II, Titre XVIII.

(Articles 352 à 363).

L'homme souvent se trouvant entraîné par un but de spéculation,
et, la société alors, éprouvant le besoin de sauvegarder ses intérêts, la
loi n'a pas dû seulement être appelée à produire ses effets sur de simples particuliers; mais encore s'est-elle vue obligée de se montrer sévère contre ceux-mêmes qui sont chargés de l'appliquer. C'est pourquoi,
dans sa sagesse, elle a institué des règles pour réprimer les fautes
qui se commettent dans son sein même, et pour arrêter les nombreuses prévarications auxquelles donnait lieu l'entière confiance que tout
homme accorde aux membres qu'elle-même a spécialement reconnus
aptes pour le représenter et le défendre dans les différentes causes
qu'il peut avoir à soutenir. En conséquence, cette confiance se trouvant détruite, un préjudice même, résultant de la suite d'un excès

de pouvoir, se faisant sentir, la procédure dans ce cas vient à notre secours en nous indiquant la marche à suivre pour arriver à nous faire entendre ; cette marche quand on la dirige contre les personnes que la loi a placées dans un certain ordre (car, comme nous le verrons, elle ne doit pas être confondue avec celle que l'on suit au sujet d'un simple particulier), cette marche, disons-nous, est celle à laquelle la procédure a donné le nom de désaveu.

En effet, le désaveu n'est autre chose que le démenti donné, dans les formes de la loi, par une partie, à un officier ministériel, qui par erreur ou collusion, a agi sans pouvoir ou a dépassé son pouvoir ; démenti dont l'effet est de constater cet abus et d'en faire tomber les résultats.

Maintenant que nous connaissons le caractère et les effets du désaveu, nous devons, pour établir l'ordre dans notre travail, rechercher : 1° quelles sont les personnes qui se trouvent soumises au désaveu ; 2° quels sont les actes qui donnent lieu au désaveu ; 3° quelle est la procédure à suivre en matière de désaveu ; 4° quelles sont les conséquences qui résultent de l'admission ou du rejet du désaveu.

Personnes soumises au désaveu.

Si nous n'avions voulu nous attacher qu'aux inductions, qu'aux termes des articles du titre que nous avons à traiter, pour trouver la définition du désaveu, nous verrions que l'avoué seul est soumis à supporter les conséquences de cette procédure.

Mais, n'allons pas croire que, parce qu'en général les procès roulent sur l'avoué, on ne puisse pas donner plus d'extension aux articles 352 et 354, et dire que ce dernier doit être entendu dans un sens restrictif, et qu'en supposant le désaveu dirigé contre un avoué, cet article n'établit pas formellement que nulle autre personne ne puisse être désavouée. En effet, quelle est la plainte du client en désavouant, si ce n'est que de venir exposer que le mandataire, ou prétendu tel, ou bien que la personne qui a agi en son nom, a agi sans pouvoirs ou bien a dépassé ses pouvoirs. Mais devons-nous nécessairement reconnaître un avoué dans ce mandataire ? Telle n'est pas notre opinion. Néanmoins ne nous hâtons pas de généraliser cette idée : car toutes les fois qu'une personne veut se plaindre d'un abus de pouvoirs commis par son mandataire, ce n'est pas la procédure du désaveu qu'elle doit employer. Dans les rapports de mandant à mandataire cette dernière est inutile, l'application de l'article 1998 du Code Napoléon doit seule être mise en pratique. Et, c'est cette application qui précisément établit la différence que nous avions annoncée entre la manière d'exercer cette action contre un simple particulier mandataire, et celle employée contre celui qui remplit les fonctions d'officier ministériel. Doit-il en être autrement du reste ? La qualité de l'avoué, son rôle d'officier ministériel, les fonctions qu'il est appelé à remplir dans l'instance, ne doivent pas permettre de supposer légèrement, qu'il a dépassé les pouvoirs qu'il a reçus : aussi importe-t-il qu'une procédure solennelle fasse connaître cette faute au tribunal de l'avoué et le livre au pouvoir disciplinaire que ce tribunal exerce sur lui. Disons-le donc, car nous croyons utile de noter ici cette différence dans les conséquences qui résultent de l'office de simple mandataire, à mandataire *ad lites*, disons-le donc, les actes que le simple mandataire a faits en dehors ou au-delà de ses pouvoirs, n'obligent pas le mandant, rien n'existe des choses qu'il a traitées au nom de ce dernier, tout est détruit par la seule raison que le mandataire est sorti des limites qui lui étaient assignées. Tandis que le jugement qui résulterait de la comparution de l'avoué ne cesserait pas d'exister, mais le mandant aurait une action contre lui afin de lui faire subir les conséquences du jugement pour lequel il a outre-passé ses pouvoirs.

Partant donc de cette opinion que l'article 354 n'est qu'un article d'exemple et non un article limitatif et restrictif, nous dirons que, non-seulement l'avoué est soumis au désaveu, mais que l'huissier même qui agit directement est appelé à subir les mêmes conséquences, car il a, comme l'avoué, la prérogative d'être considéré comme officier ministériel.

La prérogative d'officier ministériel , ne doit pas nous servir de règle; car le gréffier et le notaire qui en jouissent également, ne sont pourtant pas soumis au désaveu; aussi devons-nous , pour combattre leurs écrits mensongers , avoir recours à la voie de l'inscription de faux ; attendu que leurs rapports avec les particuliers ne sont pas les rapports d'un mandataire avec un mandant.

Mais , faisons abstraction de cette prérogative et voyons si les personnes qui en sont privées et qui néanmoins sont destinées à porter la parole pour les autres , sont soumises au désaveu ; et , disons, en un mot , si l'avocat peut être désavoué ? La négative nous paraît incontestable , car , dans son plaidoyer, l'avocat n'est censé avancer que ce que l'avoué l'a autorisé à dire; ce qui ramène alors l'action contre l'avoué lui-même. Cependant , il pourrait arriver que l'avocat eût à supporter les conséquences du désaveu; ce serait, par exemple, lorsque l'avoué aurait déclaré hautement à l'audience , qu'il s'élève contre les assertions de l'avocat. (Cour de Cassation , 22 juin 1837).

Jusqu'ici , nous n'avons parlé que des cas généralement admis ; mais il en est un qui a longtemps divisé les esprits , c'est celui de savoir si les agréés peuvent être désavoués. Quoique nous ne reconnaissions pas les agréés comme officiers ministériels , nous dirons cependant qu'ils peuvent être désavoués. Un arrêt de la Cour de Nimes du 22 juin 1824 , a été rendu en ce sens. Les agréés , en effet , sont des mandataires *ad lites* ; leur ministère n'est pas obligatoire comme celui des avoués , il est même assez difficile de les assimiler , quant au désaveu , aux avoués et aux huissiers. Quoi qu'il en soit, la pratique incline à les soumettre ainsi que les mandataires *ad lites*, à la procédure du désaveu.

Quels sont les actes qui donnent lieu au désaveu.

Les différentes hypothèses dans lesquelles le desaveu peut avoir lieu, sont énumérées dans l'art. 352. Nous y voyons , en effet : « Aucunes offres, aucun aveu ou consentement ne pourront être faits, donnés ou acceptés sans un pouvoir spécial , à peine de désaveu. » Serait-il juste,

en effet, qu'un avoué qui aurait reçu de son client le mandat de le défendre et de faire tout ce qui, dans la pratique régulière et habituelle
de la procédure, doit être nécessaire pour la défense de sa cause, serait-
il juste, disons-nous, qu'un avoué s'arrogeât le droit de déférer un
serment, faire un aveu, accepter une offre ? Ne serait-ce pas évidem-
ment sortir de la marche qui est ordinairement employée dans la procédure ? Le client ne sera-t-il pas en droit de lui dire : Je vous avais
chargé de la défense de ma cause, mais je ne vous avais pas donné le
pouvoir de vous en rapporter au serment de l'adversaire, d'accepter ses
offres, etc. ; donc, je viens par un désaveu détruire ce que vous avez
fait en dehors de ce qui vous était permis, et me libérer du jugement
que l'on aurait pu rendre contre moi. — Cependant, si le client exécute
ou ratifie un acte de la nature de ceux pour lesquels ce pouvoir était
exigé, il ne peut plus désavouer l'officier ministériel : *ratihabitio man-
dato æquiparetur*.

Outre ces actes, et, comme nous le disions en commençant, l'homme
se trouvant entraîné par un but de spéculation, ou par un sujet quelcon-
que, il peut arriver que l'avoué n'a pas seulement outre-passé ses pouvoirs ; mais, bien plus, il peut arriver que l'avoué peut se constituer
en cause sans en avoir reçu mandat. Comme, par exemple, lorsque les
pièces qui lui sont envoyées pour les examiner et pour donner simple-
ment son avis, il se les approprie de manière à s'interposer comme dé-
fenseur. Cette question est vivement controversée, mais nous croyons
que, dans ce cas comme dans ceux de l'art. 352, le désaveu devrait encore être admis.

Pour nous résumer donc, nous dirons que, lorsque l'avoué qui a été
réellement constitué, mais qui a outre-passé ses pouvoirs, dans tous les
cas énoncés par l'art. 352, de même que l'avoué qui s'est porté en défense sans en avoir reçu l'ordre, nous dirons que dans ces deux cas les
avoués doivent être soumis à la procédure du désaveu.

Cependant si la loi, à juste titre, a cru devoir se montrer sévère
contre les avoués eux-mêmes, nous devons dire pourtant que l'expression de l'art. 352, *sans un pouvoir spécial*, ne doit pas toujours être

appliqué avec toute la rigueur qu'elle semble avoir. Il ne faut pas soumettre les avoués à la discrétion des parties qui peuvent être de mauvaise foi. Il peut arriver , en effet, qu'un client se trouvant à l'audience
avec son avoué , dont les nombreuses occupations lui auraient empêché
de lui demander le pouvoir , ou bien qui , se fondant sur la loyauté de
ce client, il peut arriver , disons-nous , que l'avoué ait à faire des actes
énumérés dans l'art. 352. Pour remplir les formalités , il doit faire constater par le greffier la présence de son client. Mais par oubli ou autrement , le greffier néglige de le mentionner , l'avoué assurément est en
faute de ne pas s'être assuré de la chose. Quoi qu'il en soit , le désaveu
doit-il être admis ? Nous ne le croyons pas , car la question de fait prouve
ici en faveur de l'avoué. En effet , bien qu'il soit sous l'application de
l'art 352 , d'avoir agi sans un pouvoir spécial , il a pour lui la preuve
testimoniale et autres présomptions qui peuvent résulter des circonstances , mais qui placent l'avoué dans le cas de prouver , tandis que dans
tous les cas qui ne sont pas compris dans l'art. 352, on doit prouver contre lui.

Quelle est la procédure en matière de désaveu.

Avant d'entrer dans l'examen de cette matière, nous devons établir si
le désaveu est simple ou composé , pour diviser par conséquent la procédure qui s'applique aux cas différents dans lesquels le désaveu peut se
présenter. Le texte nous apprend que le désaveu peut être *incident* ou
principal. Partant donc, deux procédures ; l'une, pour le désaveu incident
qui est celui qui est formé par une partie dans le cours d'une instance dans
laquelle a été fait l'acte que l'on vient désavouer ; l'autre, pour le désaveu principal, qui est donné par une partie en dehors de toute instance
actuellement pendante devant un tribunal.

Maintenant que nous sommes fixé sur cette division, nous devons voir
la manière dont nous devons nous y prendre pour introduire un désaveu.
L'article 353 nous l'apprend en nous disant : « le désaveu sera fait au
greffe du tribunal, qui devra en connaître, par un acte signé de la partie

ou du porteur de sa procuration spéciale et authentique : l'acte contiendra les moyens, conclusion et constitution d'avoué. »

L'acte de désaveu est trop important pour qu'on ne lui assigne qu'une procédure ordinaire ; c'est pourquoi, la loi veut-elle accompagner ce démenti d'une solennité, en exigeant la signature du désavouant, afin de s'assurer que ce n'est pas une tierce personne qui s'interpose pour arrêter le cours du procès. Quoi qu'il en soit de l'espèce de désaveu, cette mesure doit être préalablement suivie.

Après avoir rempli cette première formalité, quand le désaveu est incident, l'art. 354 nous indique la manière dont nous devons procéder pour agir. Nous y voyons en effet : « si le désaveu est formé dans le cours d'une instance encore pendante, il sera signifié sans autre demande, par un acte d'avoué tant à l'avoué contre lequel le désaveu est dirigé qu'aux autres avoués de la cause ; et la dite signification vaudra sommation de défendre au désaveu. » Si nous devons établir une différence entre le désaveu principal et le désaveu incident, c'est ici, nous le croyons, le moment de la mentionner; aussi, dirons-nous que ce dernier diffère de l'autre en ce qu'il suffit de signifier copie du désaveu incident, tant à l'avoué contre lequel il est dirigé, qu'aux autres avoués qui peuvent avoir comparu dans le procès; tandis que si le désaveu est principal, on doit également signifier copie du désaveu, mais avec *assignation* à comparaître dans les délais de l'ajournement.

Mais il peut arriver que l'officier ministériel dont le client conteste les pouvoirs et dont il reproche sa mise en cause, a fait l'un des actes indiqués dans l'art. 352; il peut arriver, disons nous, que cet officier ministériel soit mort depuis qu'il a fait cet acte et avant que le procès soit jugé. A qui s'adresser pour poser notre demande? L'article 355 nous l'indique. « Si l'avoué n'exerce plus ses fonctions, le désaveu sera signifié par exploit à son domicile; s'il est mort, le désaveu sera signifié à ses héritiers, avec assignation au tribunal ou l'instance est pendante, et notifié aux parties de l'instance par acte d'avoué à avoué. »

Après avoir parcouru comment devait être introduite la demande, nous devons rechercher quel est le tribunal compétent pour connaître du désaveu. L'art. 356 sur lequel nous devons nous baser dans ce cas, s'exprime ainsi : « Le désaveu sera toujours porté au tribunal devant lequel la procédure désavouée aura été instruite, encore que l'instance dans le cours de laquelle il est formé soit pendante en un autre tribunal ; le désaveu sera dénoncé aux parties de l'instance principale, qui seront appelées dans celle de désaveu. » Le tribunal en effet, devant lequel la procédure désavouée a été instruite est seul bien à portée de décider s'il y a lieu au désaveu et c'est d'ailleurs à ceux qu'il appartient de connaître d'un acte qui doit entraîner la ruine d'une procédure qu'il avait sanctionnée.

Il résulte donc de ce que nous avons dit, que, s'il survient un désaveu, la marche de l'instance doit être arrêtée pour s'occuper du désaveu et ne le reprendre que lorsqu'on aura jugé sur ce point. L'article 357 exige en effet, à peine de nullité, le sursis à toute procédure et au jugement de l'instance principale, parce que le désaveu d'un acte de la procédure peut changer toute la face de l'affaire. Il est donc nécessaire d'arrêter la marche d'une procédure qui peut s'écrouler si le désaveu est admis. Cependant, on doit veiller à ce que le sursis que la partie demande, ne soit pas un moyen de prolonger la contestation principale. Aussi l'art. 357 ajoute t-il : sauf cependant à ordonner que le désavouant fera juger le désaveu dans un délai fixe, sinon qu'il sera fait droit.

Enfin, nous arrivons avec l'art. 358, à traiter du désaveu principal : d'après cet article, comme il n'existe aucune instance, nous n'avons plus à nous livrer à cette multiplicité inutile de procédure, nous rentrons dans les principes généraux du Droit, qui veulent que le défendeur soit cité devant le tribunal de son domicile. Dans ce cas, le désaveu se poursuit au moyen d'une *assignation*. Cette espèce de désaveu se présente, par exemple, lorsqu'un huissier fait des offres sans un mandat spécial.

Quelles sont les conséquences qui résultent de l'admission du rejet du désaveu.

D'après la division que nous avons cru devoir faire pour procéder avec plus de clarté à notre travail, nous sommes amené à parler maintenant des conséquences qui proviennent du désaveu. Mais avant, ousn devons rappeler que toute demande en désaveu est dispensée du préliminaire de la conciliation. L'art. 359 est formel à cet égard en nous disant : « que toute demande en désaveu sera communiquée au ministère public. » N'est-il pas, en effet, de toute nécessité que pour un fait aussi grave, le ministère public doive intervenir directement pour connaître de l'accusation qui est dirigée contre un officier ministériel? Faut-il donc que l'imputation dont l'avoué aura été l'objet, si elle est vraie, se trouve dérobée à la surveillance de la justice au moyen d'une conciliation ? Telle n'est pas la pensée de la loi.

Nous arrivons enfin à la matière de notre paragraphe. Lisons les articles 360 et 361 : nous verrons les effets du jugement sur le désaveu. En effet, le premier nous dit : « Si le désaveu est déclaré valable, le jugement, ou les dispositions du jugement relatives aux chefs qui ont donné lieu au désaveu demeureront annulés et comme non-avenus : le désavoué sera condamné, envers le demandeur et les autres parties, en tous dommages et intérêts, même puni d'interdiction, ou poursuivi extraordinairement, suivant la gravité du cas et la nature des circonstances. » Cet article suppose qu'il y a eu un jugement ; d'après ce que nous voyons dans la disposition de cet article, le jugement ne sera que partiellement détruit sur les chefs du désaveu. Mais si l'on était dans l'hypothèse de l'art. 354, si le désaveu était formé dans le cours même de l'instance, ce ne serait pas le jugement qui serait annulé, puisqu'il n'y en a pas eu, mais ce serait la procédure faite à la suite de l'acte désavoué.

Si le désaveu est rejeté, la mention du rejet doit être faite en marge de l'acte de désaveu. Cette mesure, ou plutôt cette formalité est exigée dans l'intérêt de l'avoué, qui peut-être, ne pourrait que souffrir de s'entendre, plus tard, reprocher cette accusation et voir ainsi sa réputation flétrie, inconvénient dont on peut triompher par la mention qui est faite sur l'acte lui-même et qui peut protester alors contre les propos mensongers.

Mais la loi n'a pas seulement voulu donner une procédure pour attaquer la déloyauté des officiers ministériels, elle est encore venue au secours de la partie dont on a outrepassé les ordres, en lui donnant un temps pour faire valoir sa demande. Ainsi, si le désaveu est formé à l'occasion d'un jugement qui aura acquis force de chose jugée, la partie a encore un délai de huitaine, c'est-à-dire que la voie du désaveu est ouverte même après que les voies d'opposition et d'appel sont fermées.

POSITIONS.

I. Les agréés, en général, les mandataires *ad lites*, sont-ils soumis au désaveu ? — Oui.

II. Les avocats sont-ils soumis au désaveu ? — Non.

III. L'article 352 est-il limitatif dans les cas qu'il énumère ? — Non.

IV. Dans les cas de l'art. 352, le désaveu doit-il nécessairement réussir ? — Non.

Droit Criminel.

Des circonstances atténuantes.

(C. P. art. 463-483 alin. 2.)

Rechercher le coupable, le punir, appliquer la peine qui lui est propre, tel n'a pas été seulement, on peut le dire, le but du législateur en venant formuler le droit pénal. En effet, dans sa sollicitude, si le législateur a cru nécessaire, par des lois expresses et sévères, de venir au secours de l'infortuné qui a eu à subir les malheureux effets d'une main coupable , il a cru bon également de donner son assistance à celui-là même qui, comme nous le verrons, a causé le préjudice, mais dont la criminalité quelquefois peut se modifier d'après la position personnelle de ce coupable et des circonstances qui ont précédé ou qui ont accompagné le crime.

C'est donc cette considération que nous nous sentons disposé à faire sur le compte de l'accusé, dont la vie peut avoir été pure jusquà la perpétration de son acte; dont le crime bien souvent n'a été accompli que parce que l'homme n'a cédé qu'aux angoisses de la misère ou au délire de la passion. C'est cette considération qui vient encore plus nous frap-

per lorsque nous voyons que l'accusé a été provoqué par l'outrage ; que
la faiblesse de son âge l'a empêché de reconnaître l'immoralité de son
action ; qu'une ivresse, peut-être involontaire, a troublé la raison; c'est
disons-nous, cette considération que la loi a qualifiée de *circonstances atténuantes.*

En effet, dans ses utiles leçons, comme l'a défini notre savant profes-
seur, M. Molinier, les *circonstances atténuantes* sont des *excuses* que le législateur n'a pas spécialement caractérisées et dont il a laissé l'apprécia-
tion au pouvoir discrétionnaire des juges et des jurés.

En voyant un accusé à la barre d'un tribunal criminel, cette définition
pleine de respect et à laquelle nous nous rangeons avec toute la défé-
rence qu'elle mérite, ne nous fait-elle pas assez comprendre combien
est naturelle, pour ne pas dire nécessaire même, l'existence de cette considération, à laquelle doivent se livrer ceux qui sont appelés à prononcer
une condamnation? En effet, quoi de plus rationnel et de plus juste,
lorsque l'homme-juge est pour rendre une sentence, que de se demander
si l'homme, en devenant coupable d'un acte aussi fâcheux, n'a pas usé
peut-être, que de son droit de légitime défense. Or, pourquoi le juger
sans avoir égard à la position dans laquelle il était lorsqu'il a rendu sa
main coupable?

Du reste, sommes-nous les seuls à proclamer la nécessité de cette
considération? Lisons Montesquieu, liv. XXIX, chap. 15; cet auteur sur
lequel nous nous appuyons, nous dit : « Il faut que le peuple prenne
connaissance de l'action, et qu'il en prenne conaissance dans le moment
qu'elle a été faite, dans un temps où tout parle, l'air, le visage, les pas-
sions, le silence, et où chaque parole condamne ou justifie ».

Toutefois, si nous tenons à reconnaître et à mentionner l'existence des
circonstances atténuantes, nous devons dire néanmoins, qu'il est bon de
se prémunir contre une idée qui nous survient naturellement : c'est de
trouver au premier abord une certaine identité entre les *excuses* et les
circonstances atténuantes ; et, ce qui nous porterait d'autant plus à trouver cette identité, on pourrait même aller jusqu'à confondre ces deux faits,

c'est que dans la définition que nous reproduisons nous disons qu'elles sont des excuses.

Quoique bien certainement on doive remarquer une certaine analogie entre les *excuses* et les *circonstances atténuantes*, nous dirons pourtant qu'elles diffèrent, soit quant à leur nature, soit quant à leurs effets; et, cette différence, nous ne croyons pas mieux de la signaler qu'en disant :

Que les *excuses* dans le langage du Droit Criminel, sont des faits légaux déterminés et spécifiés par la loi, qui anéantissent ou diminuent la culpabilité ;

Que ces faits, lorsqu'ils se présentent, procurent une atténuation considérable de la peine dans certains cas; dans d'autres, les coupables sont exemptés de toute ou partie des peines qui leur étaient applicables (Code Pénal, art. 65, 66, 321, 324,325).

Tandis qu'au contraire, les *circonstances atténuantes* sont multiples, changent selon la nature des faits, sont indéfinies, s'appliquent pour en atténuer la peine à tous les crimes et délits ; mais, il est vrai, elles procurent une atténuation bien moins considérable que les *excuses*. Pour nous en assurer du reste, lisons et comparons l'art. 462 du Code Pénal avec les articles 66, 321, 324, 325.

Ce n'est pas dans ces cas seulement que les *circonstances atténuantes* trouvent à s'appliquer, mais encore elles peuvent se tirer, comme nous l'avons déjà dit, des circonstances extrinsèques et intrinsèques du fait, de la position personnelle de l'agent, elles peuvent même provenir de la rigueur excessive de la loi : c'est ce qui résulte de l'exposé des motifs. Nous y voyons en effet :

« Les circonstances atténuantes ne sont pas des faits accessoires du fait principal, mais une partie essentielle de ce fait lui-même, et elles déterminent son plus ou moins d'immoralité : le vol est moins criminel, parce que le coupable n'a pas eu pleine conscience de son crime, parce qu'il a été séduit, passionné, parce qu'il a fait des aveux, témoigné du repentir. Comment détacher du fait principal ces circonstances ? Comment les préciser dans leur variabilité ? etc., etc. »

6

Or donc, comme toute législation pénale repose sur un principe d'autorité, et comme elle impose à chacun l'obligation de se soumettre au jugement que la société porte sur le mérite ou le démérite des actions humaines, nous sommes amené à reconnaître, il est vrai, la légitimité et la nécessité même de la peine ; mais, par la même raison, nous ne devons pas la séparer du besoin indispensable de pouvoir en diminuer les effets lorsqu'il est constant que l'accusé n'a pas agi de son propre mouvement, et qu'il a cédé à une exaltation qui le mettait dans l'impossibilité de reconnaître l'importance et la gravité de son acte.

Il était juste, en effet, que le législateur vînt au secours d'un pareil coupable, d'un coupable qui peut-être a déjà expié son crime par son repentir, et qu'il montrât de l'indulgence pour une main qui n'avait obéi qu'à la passion.

Mais n'allons pas croire que le législateur soit venu, de prime abord, à appliquer le bienfait des circonstances atténuantes : quelques mots sur l'historique de la législation de ces circonstances nous feront connaître par quelles transitions est passé le législateur avant d'arriver au système aujourd'hui en vigueur et qui est l'objet de l'article 462 du Code pénal.

Sous les Empereurs, les lois romaines laissaient aux juges une grande latitude pour l'application des peines. Ce système assurément offrait bien certains avantages, car il plaçait l'accusé devant le juge, qui était plus à portée que le législateur d'apprécier d'une manière plus exacte le caractère du fait. Mais n'avait-il pas certainement un grave inconvénient, celui de ne donner à l'accusé aucune garantie d'impartialité ? De plus, sous un tel régime, les peines ne pouvaient pas être exemplaires.

Dans le Code de 1791, l'inconvénient de l'arbitraire des peines, frappe les esprits, et, pour vouloir y remédier, on ne fit que tomber d'un excès dans un autre ; le législateur établit des règles de pénalité fixes sans *maximum* ni *minimum*. Mais ici cet arbitraire de la loi n'était-il pas plus dur que l'arbitraire du juge ? N'en voyons-nous pas, en effet, des exemples lorsque ceux même auxquels appartenait la déclaration de l'existence du fait, aimaient mieux se rendre parjures que d'appliquer une peine qui n'était pas proportionnée au plus ou moins de gravité que pouvait offrir le crime.

Un tel système, on le comprend bien, ne pouvait pas avoir de suite : aussi, en 1804, lorsque l'on annonça la discussion du nouveau Code Criminel, on posa le principe que les peines recevraient un *maximum* et un *minimum*, et que le Tribunal criminel, après la déclaration du jury contre l'accusé, aurait la faculté de faire varier, dans une certaine latitude, la peine encourue par l'accusé.

Nous devons remarquer dans ce principe d'admission d'un *maximum* et d'un *minimum*, une innovation importante, quoique pourtant les rédacteurs du Code pénal de 1810 eussent fait un retour vers les anciens principes. En effet, d'après la loi de 1791, les pouvoirs du jury et de la Cour d'Assises étaient complétement séparés. Le jury se bornait à la simple déclaration du fait et de la moralité, et l'office de la Cour était l'application du droit au fait.

Mais à partir de 1810, le système du *maximum* et du *minimum* admis, cette division se trouve un peu violée. En effet, quoique le jury ait le droit, lui seul, de déclarer l'accusé coupable, il n'est pas moins vrai de dire que les juges qui ont à appliquer une peine plus ou moins forte entre le *maximum* et le *minimum*, ont aussi à prendre connaissance du fait et à examiner les diverses circonstances qui peuvent avoir aggravé ou diminué la culpabilité de l'accusé. Excepté ce léger inconvénient qui faussait la théorie primitive (la division des pouvoirs), on ne peut pas s'empêcher de reconnaître que l'adoption d'un *maximum* et d'un *minimum* dans les peines ne fût une innovation heureuse.

Malgré cette innovation, on ne pouvait pas suffire ; la différence qui séparait le *maximum* du *minimum* n'était pas en rapport avec la différence qui peut exister entre des faits qualifiés du même nom ; mais que diverses circonstances pouvaient modifier au point que pour des faits identiques, qualifiés du même nom, il pouvait arriver que l'on ne fût pas assez gravement puni par le *maximum*, et que l'autre le fût trop rigoureusement par l'application du *minimum*.

La loi de 1810 avait un vice encore plus sérieux dans son système du *maximum* et du *minimum*. Il est vrai que ce système laissait aux juges une certaine latitude dans l'application de la peine ; mais en quoi consistait cette latitude ? Elle consistait, non pas à faire varier, à faire décroître la nature de la peine en faveur du coupable digne d'intérêt, mais seulement à en faire varier l'étendue et la durée. De là la conséquence, que pour les trois peines perpétuelles, la mort, les travaux forcés à perpétuité et la déportation, le système du maximum et du minimum n'avait pas été admis. Le juge dans ce cas se voyait dans la nécessité d'appliquer la loi dans toute son inflexibilité, bien que cependant le coupable fût réellement digne d'intérêt. C'est pourquoi les jurés, reconnaissant l'injustice de la loi, préféraient acquitter un coupable qui aurait mérité l'application d'une peine, sans doute, que le condamner à une peine dont la sévérité leur paraissait excessive.

Jusque là encore les efforts du législateur avaient bien peu répondu aux désirs de la société. Ce ne fut qu'en 1824 qu'un changement fort important se manifesta dans le système de latitude qu'on avait déjà abordé pour l'application et la détermination des peines. L'article 463 du Code de 1810 autorisait les tribunaux correctionnels, lorsque le préjudice n'excéderait pas 25 francs, si les circonstances leur paraissaient atténuantes, d'abaisser la peine au dessous du minimum. C'est dans cet article, on peut le dire, que le législateur puisa l'heureuse idée d'appliquer également ce bénéfice aux faits criminels.

Cette loi, en effet, conféra aux cours d'assises le droit de constater par rapport à certains crimes seulement et par rapport aux accusés qui ne seraient ni mendiants, ni vagabons, ni récidivistes, les circonstances atténuantes et d'abaisser dans ce cas la peine tantôt d'un degré, tantôt d'un ou de deux degrés.

La loi encore n'avait pas atteint son degré de perfection, car, malgré les avantages qu'elle procurait, elle avait pourtant ses inconvénients. D'abord le principe consacré par la loi de 1791, c'est-à-dire la séparation des pouvoirs entre le jury et la cour d'assises est violé. Ensuite, un inconvénient qui n'est pas moins grand, c'est la limitation des circonstances atténuantes à certains crimes.

Comme nous le voyons, les jurés se trouvaient encore dans la même position que sous la loi de 1810. Ils avaient un verdict à rendre, le droit d'admettre des circonstances atténuantes ne leur appartenait pas, et ignorant si la cour d'assises serait disposée à admettre en faveur de l'accusé qui leur paraissait digne d'intérêt, préféraient prononcer un acquittement que d'exposer le coupable, à subir une peine qui leur paraissait trop sévère. Enfin, vint l'innovation plus complète, admise en 1832, et qui forme le nouvel article du Code Pénal ; voici quel est son système : le jury a le droit de déclarer l'existence des circonstances atténuantes dans tous les cas, et, cette déclaration faite d'office, a pour résultat, non pas seulement de borner au minimum de la peine légale, la punition infligée par la cour d'assises, mais de contraindre la cour de descendre d'un degré au moins dans l'application de la peine, tout en lui permettant de descendre de deux degrés, si bon lui semble. C'est ce dont on peut se convaincre en lisant l'article 463 du Code Pénal qui nous régit aujourd'hui.

POSITIONS.

1º L'ivresse peut-elle être considérée comme circonstance atténuante ? — Oui.

2º Peut-elle devenir circonstance aggravante ? — Oui.

3º Y a-t-il une certaine analogie entre les circonstances atténuantes et les excuses ? — Oui.

4º Les points d'analogie sont-ils plus grands entre les circonstances atténuantes et les faits justificatifs, qu'entre les circonstances atténuantes et les excuses ? — Non.

Cette Thèse sera soutenue, en séance publique, dans une des salles de la Faculté.

Vu par le Président de la Thèse,

CHAUVEAU-ADOLPHE.

Toulouse, Imp. Troyes OUVRIERS RÉUNIS, rue St-Pantaléon, 3.